Joachim Stachelscheid

Mit der Piper nach Korfu

Ein spannender Reisebericht über ein fliegerisches Abenteuer

AF288402

Herstellung und Verlag:
Books on Demand GmbH, Norderstedt

ISBN 978-3-8391-8546-9

Inhalt

Vorwort

K oblenz, Siegerland oder Dahlemer Binz? Nicht schon wieder! Da findet unsere Alpha Mike ja fast alleine hin!

Alpha Mike, unsere Piper 28-180 Cherokee, hatte schon viele internationale Flughäfen Europas gesehen, nur wir waren leider nicht dabei!

Die Vorbesitzer waren mit ihr ziemlich rumgekommen, als wir das halbe Dutzend voll geschriebener Bordbücher unserer Piper Cherokee aufschlugen und studierten.

Wir wollten unsere Alpha Mike wieder an dieses internationale Flair gewöhnen und die in die Jahre gekommenen Dame noch mal so richtig ausführen.

Wir legten eine Woche im Spätsommer 2008 fest und nahmen uns vor, eine Woche mit der Alpha Mike zu fliegen. Wir planten 3 Hauptrouten (nach Westen, Norden und Süden), damit wir gewappnet waren, falls das Wetter auf einer der Routen nicht mitspielen sollte.

Die endgültige Entscheidung über die Flugroute wollten wir erst wenige Tage vorher fällen, wenn die Wetterprognose gut war.

Das Team

- Joachim Stachelscheid
  Jahrgang 1963
  Dipl.-Betriebswirt
  Geschieden
  2 Kinder

- Eckard Seeger
  Jahrgang 1965
  Dipl.-Ingenieur
  Verheiratet
  2 Kinder

- D-EIAM
  Piper 28-180 Cherokee
  Jahrgang 1971
  ca. 4.700 Flugstunden
  ca. 7.850 Landungen

Alpenflug bis Zell am See

Bonn-Hangelar ▶
St. Gallen Altenrhein ▶ Zell am See
Sa., 30.08.2008 (Tag 1)

Eckard und ich trafen uns am Samstag morgen auf dem Flugplatz in Bonn-Hangelar, beluden unsere Alpha Mika, checkten sie und kippten sie randvoll mit Avgas.

CAVOK in Südeuropa!

Einige Tage zuvor entschieden wir uns daher für die südliche Route und starteten gut vorbereitet, mit teils von Fliegerkameraden geliehenen Flugkarten und Anflugblättern Richtung Griechenland. Das Abenteuer hatte begonnen!

Unser Kartenmaterial reichte aber nur bis Dubrovnik, da es nirgendwo VFR-Luftfahrtkarten für Albanien und Griechenland aufzutreiben gab.

Uns wurde ein wenig mulmig bei dem Gedanken, ohne Karten 2-3 Stunden über Albanien zu fliegen, das bis vor kurzem offiziell Krisengebiet war, nicht überflogen werden durfte und nur über den Umweg Italien zu erreichen war. Die Orientierung anhand von Funkfeuern und terrestrischen Auffälligkeiten war also nicht möglich.

Notaxt ?

Wir hatten uns jedoch kurz vorher IFR-Luftfahrtkarten für Südeuropa zugelegt und hatten vor, ersatzweise IFR-Routen zu fliegen. Wir kauften bei unserem ersten Zwischenstopp in Mannheim noch schnell eine Notaxt und hofften gleichzeitig, sie nie benutzen zu müssen.

Der Flugplatz Mannheim (EDFM) war uns von früheren Stopps bereits bekannt und wir genossen es, in der Platzrunde relativ dicht über besiedeltes Gebiet und über die im Endteil kreuzende Autobahn zu fliegen. Wir spendierten unserer Alpha Mike neben der Notaxt noch einen Ersatz-Pitotrohrschutz (man kann ja nie wissen), gaben den Flugplan nach St. Gallen Altenrhein auf und machten uns auf den Weg nach Süden.

Die Flugroute führte uns über den Schwarzwald entlang der französischen Grenze. Die eloquente und nette französische Lotsin von „Straßbourg Info" mit ihrem beeindruckenden Akzent begleitete uns leider nur 15 Minuten, bis wir wieder an den deutschen Lotsen übergeben wurden.

Am ersten Tag wollten wir es bis Zell am See (LOWZ) in Österreich schaffen, nicht auf direktem Weg, sondern aus Westen über den Bodensee nach Osten parallel zum Alpenhauptkamm. Schließlich wollten wir das Alpenpanorama in vollen Zügen genießen.

Über dem Schwarzwald war es leicht diesig. Je höher wir flogen, desto schlechter wurde die Erdsicht. Wir blieben daher in FL 60-70 und erwarteten bald den Bodensee in unserer 12-Uhr-Position. Kurz vor Erreichen des Bodensees wies und der FIS darauf hin, dass wir das Gebiet um Schaffhausen zu umfliegen hätten, da auf dem dortigen Flugplatz eine Airshow stattfand.

Südlich des Bodensees

Fünf Minuten vor St. Gallen wurden wir vom schweizerischen Lotsen „*due to a lot of traffic*" in die Warteschleife geschickt. Wir drehten mit der Alpha Mike einige Vollkreise (teils über dem Bodensee, teils über die südliche Küstenregion). Beim Anblick dieser abwechslungsreichen Gegend kam bereits mediterrane Stimmung auf.

Kurz vor der Landung in St. Gallen

Nach zwei Vollkreisen setzte Eckard den Anflug fort, landete unsere Piper um 14:26 Uhr in St. Gallen (LSZR) und rollte direkt bis zur Tankstelle.

Nach über einer halben Stunde mit Startnummer vier an der Petrol Station tankten wir das im Vergleich zu Deutschland deutlich preiswertere Avgas.

Aber auch unsere Mägen waren ziemlich leer! Wir gesellten uns zu der Rettungseinheit der schweizerischen Flugstaffel im offenen Flugplatzrestaurant, orderten ein großes Baguette und genossen die Nachmittagssonne, während wir die weitere Flugroute diskutierten.

Die Alpen waren in greifbarer Nähe, in den unteren Luftschichten war es auch hier leicht diesig, die Wettervorhersage prognostizierte aber in der geplanten Flughöhe deutlich bessere Sichten.

Letzte Mahlzeit vor den Alpen

Keine Notlandemöglichkeit

Eckard und ich wechselten die Seiten im Cockpit. Ich startete über den Bodensee und musste steigend mit der Alpha Mike wieder einige Vollkreise drehen, damit ich die ersten Bergkämme überfliegen konnte.

Alpenpanorama aus dem Cockpit

Der Wetterfrosch sollte Recht behalten! Die Sicht wurde immer besser und wir ließen die grandiose Bergwelt auf uns wirken, die uns bis Zell am See begleiten sollte.

Ganz entspannt waren wir nicht, denn wir hielten ständig Ausschau nach einem geeigneten Notlandegelände, das wir im Falle eine Falles ansteuern konnten.

Die Suche blieb bis zuletzt erfolglos! So checkten wir jede Minute unsere Instrumente im Cockpit und versuchten herauszufinden, ob das Geräusch unseres Motors sich veränderte. Die Monotonie eines Motorengeräuschs hatte auf einmal etwas sehr Beruhigendes!

Nach und nach wich die Anspannung und wir konnten die teilweise schneebedeckten Berge mit den steil abfallenden grünen Hängen und den kleinen Bergseen aus der Vogelperspektive in FL 120 bewundern.

Eckard hielt ständig Funkkontakt zu „Wien Info" und gab regelmäßig eine Positionsmeldung ab.

Durch die Alpen Richtung Osten

Schnee bedeckte Gipfel im August

Mit einer freiwilligen Platzrunde über den angren-
zenden See landete ich unsere Alpha Mike nach 101
Minuten Flugzeit in der Abendsonne von Zell am See
(LOWZ).

Zell am See

Zell am See liegt sehr idyllisch an der Westküste des Sees, umrahmt von Bergen, die im Winter von Skitouristen heimgesucht werden. Wir konnten uns gut vorstellen, auch im Winter zum Skifahren noch mal hier her zu fliegen. Der bekannte Skiort Kaprun liegt gleich um die Ecke und bietet alles, was das Skifahrerherz begehrt.

Sehr angenehm war die Hotelvermittlung am Flugplatz. Bereits nach kurzer Zeit holte uns ein Shuttlebus des Hotels am Flugplatz ab und wir ließen uns in das nur wenige Autominuten entfernte Hotel chauffieren.

Den ersten Teilabschnitt hatten wir bereits geschafft!

Parkposition am Flugplatz Zell am See

Kroatiens Küste bis Korfu

Zell am See ► Portoroz ► Brac

So., 31.08.2008 (Tag 2)

Z uerst hieß es wieder: Flugplan aufgeben und auf die Bestätigung warten. Nach gut 30 Minuten erhielt ich die gewünschte SMS von der deutschen Flugsicherung.

Bereits kurz nach dem Start war klar, dass wir nicht ohne Weiteres über die Berge fliegen konnten, da unsere Steigrate nicht ausreichen würde. Eckard drehte über dem Örtchen Mittersil stetig steigend zwei Vollkreise, um in FL 110 über die Berge zu kommen.

Kurz nach dem Abflug von Zell am See

Die nächste Landung sollte in der slowenischen Hafenstadt Portoroz (LJPZ) direkt am Mittelmeer erfolgen. Die Wolken wurden dichter, so dass wir die vom Lotsen in „Ljubljana Approach" bestätigte Höhe nicht einhalten konnten. Wir hatten keine Wahl und mussten deutlich höher fliegen.

Slivovitz nein, Pasta ja

Wir waren gespannt, wann wir das Mittelmeer sehen würden. Ca. 20 Minuten vor Portoroz begannen wir mit dem Sinkflug, als in einer Höhe von ca. 3.500 ft. schräg unter uns das Mittelmeer auftauchte. Über den Alpen waren Grün und Weiß die vorherrschenden Farben gewesen, nun mussten wir uns an Braun und Gelb gewöhnen. Die Vegetation war karg. Kein Zweifel, die Sonne hatte ganze Arbeit geleistet.

Auf dem Flugplatz Portoroz (Slowenien)

Nach dem Touch Down auf dem Airport Portoroz führte uns das „Follow-Me-Moped" zur Parkposition. Dort ging es sehr geschäftig zu. Während wir mit dem Ramp Agent wegen der Zahlung von Landegebühren und Tanken diskutierten, knatterten die „Follow-Me-Mopeds" mit atemberaubender Geschwindigkeit übers Rollfeld.

Bei der Abfertigung im Terminal bot man uns als Willkommensgruß einen Slivovitz in großen Wassergläsern an. Wir lehnten dankend ab, eine kühle Apfelschorle wäre uns lieber gewesen.

Hier war wirklich Vieles anders – wir nahmen im vornehmen Außenrestaurant Platz, verwöhnten uns mit einer großen Portion Pasta und beobachteten die Starts und Landungen der anderen Maschinen.

Wir tankten unsere Alpha Mike wieder voll und entrichteten unsere Landegebühr.

Die Flugplanaufgabe gestaltete sich schwieriger! Ich hatte als Flugroute „*at the coastline*" angegeben. Die Dame von der Flugsicherung bemängelte, dass keine genauen Wegpunkte genannt wurden, die wohl erforderlich waren. Da ich keine geeigneten Wegpunkte auf der Karte finden konnte, diskutierte ich mit ihr.

Entlang der kroatischen Küste nach Süden gibt es für Sichtflieger einen speziellen Luftkorridor, den wir fliegen konnten. Leider hatte dieser keinen Namen, sodass „*at the coastline*" nach einigem Hin und Her nun doch akzeptiert wurde.

Flugplanaufgabe ... alles nicht so einfach!

Mittlerweile war es ziemlich schwül geworden und die Sonne wies uns den Weg zur Insel Brac. Dort wollten wir die nächste Nacht bleiben.

Wir legten unsere Schwimmwesten an und nach gut 3 Stunden Aufenthalt auf dem Flugplatz in Portoroz war die Alpha Mike wieder in der Luft. Die Sichten wurden immer besser!

Mit Rückenwind flogen wir in einer Höhe ca. 2.000 ft. entlang der zahlreichen kleinen und oft unbewohnten Inseln vor der kroatischen Küste.

Aus der Luft wirkten die kleinen Küstenorte mit den kleinen Häfen vor der türkisblauen Adria wie gemalt, fast unwirklich. Hunderte von kleinen Booten und großen Yachten säumten die meist unbewohnte Küste. Wir konnten uns nicht satt sehen!

Über Hunderte von kleinen Inseln

Entlang der Küste Kroatiens

Langsam kam die Insel Brac näher und wir stellten fest, dass wir für den Einflug in die Platzrunde etwa 1.000 ft. steigen (!) mussten, da Brac Airport (LDSB) auf ca. 1.800 ft MSL lag. Das hatten wir auch noch nicht erlebt … bisher sind wir zum Einflug in den Gegenanflug stets gesunken.

Mir war bekannt, dass uns der Lotse von Brac wahrscheinlich erst sehr spät über Funk hören konnte, da die nahe gelegenen Berge die Funkwellen abschotteten. Erst als wir die Landebahn in Sicht hatten, konnten wir Kontakt herstellen. Er schien etwas überrascht, aber dazu später mehr!

Insel Brac

Die Landebahn auf Brac endet im Westen unmittelbar dort, wo die Steilküste beginnt. Da der Wind aus

Westen kam, wies uns der Lotse die Landebahn 22 zu. So rollten wir die endlos lange Landebahn bis zum Ende durch.

Zwei nette Damen kamen aus dem Flughafengebäude und hießen uns willkommen. Wir waren seit 2 Tagen das erste Flugzeug, das in Brac gelandet war. Normalerweise landeten dort Airbus und Boeings von Germanwings oder anderen Fluggesellschaften.

Die beiden Damen hatten Spaß mit uns, als wir von unserer Tour erzählten. Sie machten ein Foto von Eckard und mir und begleiteten uns ins klimatisierte Flughafengebäude. Die Damen organisierten, dass wir mit einem Shuttlebus den Berg herunter gefahren werden, um ein Hotel ausfindig zu machen.

Auf dem Rollfeld des Flugplatzes Brac

Wir fuhren die engen Serpentinen runter nach Bol. Im Hotel fragten wir nach einem Doppelzimmer. „Ja, wir haben ein Zimmer für Sie" piepste die Dame an der Rezeption auf Englisch. Ein Abendbuffet war sogar im Preis enthalten.

Unser Hotel in Bol

Mediterrane Stimmung

Das Hotel war erstklassisch, am Meer gelegen und mit direktem Zugang zum Strand. Wir stellten unser Gepäck im Hotelzimmer ab und gingen Richtung Strand.

Die Abendsonne schien auf die palmengesäumte Uferpromenade mit den vielen Souvenirständen und wir konnten noch einige Runden im Mittelmeer schwimmen. Den Abend ließen wir an der Uferpromenade in einem Hafenrestaurant bei „Caipirinha" und „Cuba Libre" ausklingen.

Sicht aus dem Cockpit auf die kroatische Küste

Wir hatten schon so viel gesehen und erlebt, obwohl wir erst am Vortag morgens in Bonn-Hangelar gestartet waren.

Brac ▶ Dubrovnik ▶ Korfu
Mo., 01.09.2008 (Tag 3)

Auf Brac hat es uns so gut gefallen, dass wir gerne noch etwas länger geblieben wären. Doch bis Korfu hatten wir noch knapp drei Stunden zu fliegen.

Im Flughafengebäude empfingen uns die beiden netten Damen vom Vortag. Während Eckard unsere Alpha Mike tankte, lief ich über das Rollfeld zu einer herunter gekommenen Baracke.

Vorsichtig öffnete ich die alte Holztüre und sah zwei ältere Männer, die vor dem Fernseher saßen. Hier sollte ich meinen Flugplan aufgeben? Die Männer ließen mich das Formular ausfüllen und versuchten es anschließend irgendwo hin zu faxen.

Nach mehreren vergeblichen Versuchen teilte einer mir mit, dass schon alles in Ordnung sei und ich starten könne. Nach kurzem Zögern entschied ich, mich nur kurz zu bedanken und so schnell wie möglich zu starten, bevor es sich die beiden Herren anders überlegen würden. Ob das Fax überhaupt irgendwo angekommen ist?

Eckard startete von Brac aus über die Steilküste hinweg, während ich Funkkontakt zu „Split Radar" aufnahm. Wir erhielten einen Transponder Code, so dass wir vom Radar eindeutig identifiziert werden konnten.

In einer Flughöhe von 2.500 ft. ging es weiter Richtung Süden, während wir in unseren Schwimmwesten vor uns hin schmorten. Der Flugplatz Dubrovnik mit seiner langen Landebahn war schon von Weitem sehr gut zu erkennen. Der Lotse erlaubte uns sogar einen Direktanflug und nach 49 Minuten Flugzeit setzte Eckard unsere Alpha Mika auf die Schwelle.

Letzter Tankstopp vor Griechenland

Auf dem Vorfeld wimmelte es von großen Touristenfliegern aus ganz Europa. Wir studierten noch einmal die IFR-Luftfahrtkarte für unseren nächsten Abschnitt und gaben die Koordinaten in unser GPS ein.

Die historische Altstadt von Dubrovnik als Weltkulturerbe konnten wir nur aus der Luft genießen, da Dubrovnik Airport (LDDU) eine gute halbe Stunde Autofahrt südlich vom Stadtzentrum liegt. Wir entschieden, die Altstadt nicht zu besuchen, sondern nach einem Tankstopp die Reise fortzusetzen, denn Korfu lag noch mindestens 2 Flugstunden entfernt.

Erledigung des Papierkrams in Dubrovnik

Irgendwo über dem Meer

Nach dem Take Off von Piste 12 in Dubrovnik schickte uns der kroatische Fluglotse auf die IFR-Route übers offene Meer mit der Anweisung, eine Flughöhe von 1.000 ft. nicht zu überschreiten.

Es war gegen Mittag, der Himmel war wolkenlos und die Sonne sollte uns die nächsten Tage begleiten (so wie unsere Schwimmwesten, die wir ständig trugen). Als wir keine Landsicht mehr hatten, baten wir bei „Podgorica Radar" auf 3.000 ft steigen zu dürfen.

26

„Alpha Mike, Maintain 1.000 ft !!!"

hieß es ruppig.

Wir fühlten uns nicht gerade wohl, in nur 1.000 ft über Wasser ohne Landsicht unsere Reise fortzusetzen und baten wiederholt steigen zu dürfen, um bei einer Notwasserung etwas Zeit rausschlagen zu können.

Immer dem gelben Strich nach

Aber der Lotse blieb hart und verweigerte uns seine Zustimmung. Dafür baten wir ihn noch um „traffic information" auf unserer weiteren Route. Erst nach wiederholtem Fragen kam die Meldung:

„There is no traffic the next two days"

Spätestens zu diesem Zeitpunkt wurde uns bewusst, dass es wohl nur sehr wenige Verrückte geben würde, die sich auf eine solche Tour einließen.

Unsere Idee war, beim nächsten Frequenzwechsel einfach den albanischen Lotsen um die Höhenfreigabe zu bitten. „Tirana Info" war aber leider sehr schwierig zu verstehen.

Wir konnten dem Gekrächze im Funk aber noch entnehmen, dass auch er uns ein Steigen verwehrte („due to military activities"). Der nervöse Lotse rief uns ständig über Funk mit einem lang gezogenen

DELTA ECHO INDIA ALPHA MIKE

Wir antworteten ihm, aber er verstand uns nicht. Das Ganze wiederholte sich so oft, dass er ziemlich lästig wurde.

Was wollte uns der Lotse mitteilen?

Partystimmung über der Adria

Als wir uns Gedanken darüber machten, welche Flugzeugmuster das albanische Militär wohl fliegen würde, rief uns der albanische Lotse wieder und diesmal verstanden wir ihn etwas besser. Er gab uns eine Notfrequenz, falls der Funkkontakt abbrechen sollte.

Verwunderung breitete sich im Cockpit aus. Notfrequenz? Hoffentlich brauchen wir die nicht!

Wir notierten die Notfrequenz, bestätigten diese dem Lotsen, als dann auch der Funkkontakt abbrach und unsere Alpha Mike ohne Verbindung zur Zivilisation mutterseelenallein in 1.000 ft. über der Adria im Sichtflug ohne Landsicht den Südkurs Richtung Korfu fortsetzte.

Nur zögerlich kamen die albanischen Berge näher. Als wir wieder über albanisches Festland flogen, war der Funkkontakt zu „Tirana Info" wieder hergestellt.

Albanien – dünn besiedelt und karge Vegetation

In FL 65 überwanden wir die albanischen Berge im Süden und nahmen direkt Kurs auf Korfu (Kerkira International Airport, LGKR).

Touch down Korfu

Der lange Endanflug über die Bucht im Norden Korfus war traumhaft. Kurz vor dem Aufsetzen überflogen wir den kleinen Hafen während sich am Strand die Touristen sonnten und die anfliegenden Flugzeuge verfolgten.

„Alpha Mike-
Backtrack approved-
Expedite leaving runway"

hieß uns der griechische Lotse willkommen. Wir
wendeten auf der Landebahn und erkannten, dass
eine Boeing 737 direkt auf uns zukam. Wir nahmen
den nächsten Taxiway, um schnell zu verschwinden,
als die Boeing auch schon aufsetzte. Puuh!

Abstellplatz unserer Alpha Mike auf Korfu

In einer abgelegenen Ecke des Vorfelds parkten wir
unsere Alpha Mike und verzurrten sie gut. Ein Auto
des Flughafenpersonals näherte sich und eine unifor-
mierte Dame (Ramp Agent) fuhr uns zum Abferti-
gungsgebäude.

Wir fragten sie, ob sie uns ein Hotel in der Nähe empfehlen könne. Flugs holte sie ihr Mobiltelefon aus der Tasche und führte hektisch mehrere Telefonate. Ein toller Service! Nach wenigen Minuten hatten wir ein Hotel gefunden, das wir zu Fuß erreichen konnten.

Das Hotel war sehr einfach, aber wir waren froh, so schnell eins gefunden zu haben. Wir machten uns auf zum Strand und gesellten uns zu den anderen Touristen. Eine gute Stunde kühlten wir uns im Wasser ab und genossen das mediterrane Flair Griechenlands.

Flughafengebäude Kerkira Airport auf Korfu

Blick auf die Hafeneinfahrt

Den Abend verbrachten wir bei immer noch 30 Grad Celsius in den zahlreichen Straßenrestaurants in Kerkiras Altstadt und beobachteten die Touristen, die mit den bekannten Fluggesellschaften auf der Insel gelandet waren.

Wir hatten es tatsächlich selbst bis Korfu geschafft! Da schmeckte sogar das griechische Bier richtig gut.

Split
Korfu ▶ Split
Di., 02.09.2008 (Tag 4)

Heute wollten wir die Rückreise antreten. Während die anderen Touristen länger auf Korfu blieben, machten Eckard und ich uns auf den Weg zum Flughafen.

Bei unserer Ankunft im Terminal sahen wir lange Menschenschlangen, die auf ihren Rückflug in die Heimat warteten. Eckard und ich passierten das Menschengetümmel und wurden gesondert geprüft.

Die Lotsen im Tower hatten alles im Griff

Im Tower erkundigten wir uns nach dem Wetter auf dem Weg nach Split. Man stellte uns umfangreiche Unterlagen über Winde, Temperaturen und Sichtverhältnisse zur Verfügung. Einen so guten Service hatten wir bisher noch auf keinem Flugplatz erhalten.

In einem riesigen Shuttlebus fuhr man uns vom Terminal zur Alpha Mike. Eckard und ich waren ganz alleine im Bus. Wir waren ein wenig erstaunt, konnten uns aber das Grinsen nicht verkneifen.

Wir wollten nonstop nach Split fliegen und errechneten eine Flugzeit von ca. 3 Stunden. Weiter sollte es heute nicht gehen, denn wir hatten uns vorgenommen, einen halben Tag in Split und Umgebung zu bleiben.

Ein letzter Blick zurück auf Korfu

Jetzt noch den Flieger checken, unsere Route ins GPS eingeben und die Schwimmwesten anziehen.

Wir verließen Korfu in südlicher Richtung und verabschiedeten uns im Gegenabflug von der Insel. Ein Funkkontakt zu „Tirana Control" war aber erst hinter den Bergen Albanien möglich.

Die albanischen Berge kamen immer näher und so mussten wir auf eine Reiseflughöhe von 8.000 ft. steigen. Über dem Festland von Albanien hatten wir mehrere Frequenzwechsel durchzuführen, bis „Tirana Control" uns wieder übers Wasser schickte.

Wir sind noch auf Kurs !

Zu viele Inseln?

Wir nahmen wieder die bekannte „IFR-Route" und nahmen Kurs auf Split. Als wir wieder im kroatischen Luftraum waren, überflogen wir wieder Dutzende von kleinen Inseln, meist unbewohnt und karg. Die Meldepunkte waren meist die Nordspitzen der Inseln.

Ich verfolgte unsere Route in der Luftfahrtkarte, damit ich bei der Vielzahl der Inseln zum richtigen Zeitpunkt die gewünschten Positionsmeldungen abgeben konnte.

Als wir die Hafenstadt Split am Horizont ausmachen konnten, sanken wir auf eine Flughöhe von 1.200 ft. und wurden um einen im Hafen von Split liegenden alten Tanker gelotst. Das war mal ein markanter Meldepunkt! Nach exakt 180 Minuten landete Eckard unsere Alpha Mike auf dem Flughafen in Split.

Blick auf den Hafen von Split

Unser Hotel lag etwa 20 Autominuten außerhalb von Split direkt an einer Sandbucht. Als wir die Klappläden unseres Zimmerfensters öffneten, hatten wir einen großartigen Blick auf Split und die Einfahrt zum Hafen. Es war erst Mittag und wir waren froh, nicht weitergeflogen zu sein, da es mittlerweile ziemlich heiß geworden war. Lieber wollten wir noch mal ins Meer und uns am Strand ein wenig erholen. Beides taten wir ausgiebig.

Strandabschnitt bei Split

Schlechtes Wetter über den Alpen

Sechs Tage sollte unsere Tour dauern, nun war bereits der vierte Tag. Ursprünglich hatten wir vor, die Adria zu überqueren und einen Tag in Venedig zu bleiben.

Aus Norden kam jedoch ein Schlechtwettergebiet über die Alpen gezogen, das sich von Ostfrankreich bis nach Österreich zog. Die Prognose für die nächsten Tage verhieß leider nichts Gutes. Irgendwann mussten wir ja wieder über die Alpen nach Deutschland. Einen Umweg über Ungarn wollten wir nicht nehmen.

Was tun?

Wo sind wir denn ?

Wir entschieden, am nächsten Tag zuerst nach Pula in Istrien zu fliegen. Pula lag ziemlich genau auf unserer Route nach Norden. Dort wollten wir wieder eine aktuelle Wetterprognose einholen.

Immer noch gutes Flugwetter

Kurs auf Salzburg
Split ▶ Pula ▶ Salzburg
Mi., 03.09.2008 (Tag 5)

Nach dem Start in Split um 10:48 Uhr von Startbahn 05 flogen wir über das kroatische Festland, die Mittelmeerküste war in Sichtweite und kreuzte unseren Weg. Nun waren wir wieder über Wasser.

Der Lotse in Zadar meldete sich bei uns und bat um eine Kurskorrektur von mindestens 30 Grad nach links, da in der Nähe Fallschirmspringer unterwegs waren.

Wir bestätigten die Meldung und Eckard hielt Ausschau nach den Springern. Irgendwo mussten sie doch vom Himmel tropfen. Leider haben wir sie nicht gesehen, aber vielleicht auch besser so. Nach gut 5 Minuten durften wir wieder zu unserem geplanten Kurs in 5.000 ft. zurückkehren.

Je weiter wir Richtung Norden flogen, desto mehr nahm die Bewölkung zu. Es waren viele kleine Cumuluswolken, die knapp unter uns wie ein Teppich wirkten. Die Wolken dienten uns aber als Referenz für unsere Geschwindigkeit.

Im Anflug auf Pula (LDPL) meldete sich der Lotse bei uns und bat um uns einige Vollkreise über der Stadt Pula („*due to military activities*"). Schon wieder Militär, das kannten wir doch bereits!

Ich drehte zwei Vollkreise nach rechts genau über der Stadt Pula. Der Lotse meldete sich wieder und gab die Landung frei.

Durch die Wolken nach Norden

Allein gelassen

Im Terminalgebäude empfing uns eine Angestellte des Flughafens (Ramp Agent) und fragte uns, ob wir tanken wollten. Wir bejahten und sollten ihr folgen. Eckard und ich trabten hinter ihr her, als die Dame plötzlich über die Gepäckbänder am Schalter sprang und hinter einer Tür verschwand.

Wir hatten sie aus dem Auge verloren. Konnten wir auch so einfach diesen unkonventionellen Weg nehmen? Eckard und ich blieben am Schalter stehen.

Sicherlich würde sie nach kurzer Zeit zurückkommen und uns holen.

In der riesigen Halle des Flughafens war nichts los. Gerade mal eine Hand voll Leute lungerten in einer Ecke rum und warteten, auf wen auch immer.

Nach fast zehn Minuten standen Eckard und ich immer noch am Terminal. Wir wunderten uns sehr über diesen Service und überlegten, was wir tun sollten. An der gegenüberliegenden Seite war ein kleines Büro der Polizei. Doch von Polizisten war nichts zu sehen!

Da wir tanken, die Landegebühr zahlen und das Wetter checken mussten, blieb uns nichts anderes übrig, als selbst das richtige Büro zu suchen.

Zwei bis an die Zähne bewaffnete Polizisten betraten das Flughafengebäude und unterhielten sich. Ich fragte sie, wo wir denn jetzt hin müssten. Sie waren sichtlich überfordert, aber hilfsbereit.

Hektisch wurde gefunkt, telefoniert und gesucht. Mit einer kurzen Handbewegung wurden wir dann gebeten, ihnen zu folgen. Diesmal nahmen wir uns vor, sie nicht aus dem Auge zu lassen und ihnen auf jeden Fall zu folgen, welchen Weg sie auch immer einschlagen würden.

Venedig oder Salzburg?

Wir wurden in ein Büro der Flughafenverwaltung gebracht, in dem sich vier Angestellte angeregt unterhielten und viel Spaß hatten.

Wir störten die gesellige Runde und baten um Avgas und einen Internetzugang, damit wir das aktuelle Wetter einholen konnten. Den Ramp Agent haben wir nie wieder gesehen.

Aus Venedig wurde nichts! Wir hätten zwar dort problemlos hinfliegen können, aber am nächsten Tag hätten wir es nicht über die Alpen geschafft. Schade! Wir mussten also heute noch die Alpen überwinden, bevor es nicht mehr ging.

Salzburg war das Ziel der Wahl, denn danach war es nach Norden flach und wir konnten unter den Wolken weiterfliegen.

Wir tankten wir unsere Alpha Mike noch mal randvoll mit dem preiswerten Flugbenzin (€ 1,36 pro Liter Avgas!), erledigten die uns mittlerweile sehr vertrauten Formalitäten und starteten auf der endlos langen Piste 09 in Pula mit Ziel Salzburg (LOWS).

Die Schwimmwesten verstauten wir im Gepäck … zum Glück haben wir sie nicht gebraucht.

Der Radarlotse genehmigte uns unmittelbar nach dem Start kontinuierliches Steigen bis auf FL 134. Unsere

Alpha Mike erwies sich als Bergziege und wir näherten uns den Alpen von Süden

Das Alpenpanorama mit ständig wechselnden Wol-
kenbildern war nun eine willkommene Abwechslung
zum Küstenflug.

Die Wolken verdichteten sich, die Horizontalsicht
ging zurück und Erdsicht war nur teilweise noch
möglich.

Da wir auch durch den italienischen Luftraum flogen,
mussten wir mehrmals die Funkfrequenz wechseln
und unsere Absichten kundtun.

In 12.300 ft. über die Alpen

Einen Flug über die Wolken war leider nicht möglich, da diese bis FL 160 reichten. Das war selbst für unsere Alpha Mike zu hoch und so nutzten wir die vielen „blauen Löcher" zwischen den Wolken, um unseren Sollkurs beibehalten zu können.

Wolkenrallye

Die Wolkendecke war fast geschlossen und hohe vertikale Wolken reichten bis FL 160. Weiter sinken konnten wir nicht, dafür waren die Berge zu hoch. FL 160 schaffte unsere Piper auch nicht. Außerdem wäre die Luft zu dünn gewesen und wir hätten wegen Sauerstoffmangels nach kurzer Zeit das Bewusstsein verloren.

Die Bewölkung nimmt zu

So suchten wir uns blaue Löcher, mussten allerdings immer wieder stark steigen und wieder sinken. Wir beobachteten unsere Route im GPS und auf der Luftfahrtkarte, damit wir den Bergen nicht zu nahe kamen.

Bereits gut 40 NM vor Salzburg war die Piste von Salzburg Airport zu erkennen. Nun mussten wir damit beginnen, kontinuierlich Höhe abzubauen und sanken fast eine halbe Stunde lang um ca. 12.000 ft.

Einen Stadtbummel durch Salzburg ließen wir uns nicht entgehen und so nutzten wir die letzten Sonnenstrahlen des Tages bei einem Bier in einem Straßencafe vor Mozarts Geburtshaus.

Anschließend besuchten wir noch eine Bar in der Altstadt und labten uns den verschiedenen Longdrinks.

Zu Hause alles klar ?

Zurück ins Rheinland

Salzburg ▶ Nürnberg ▶ Bonn-Hangelar
Do., 04.09.2008 (Tag 6)

Bei der Abreise vom Salzburg Airport erhielten wir von offizieller Seite keine Wetterinformationen für Deutschland. Die freundliche Dame am Infoschalter gewährte uns auf unsere Bitte dann den Zugriff auf den eigenen PC und wir konnten „PC-MET" abfragen.

Im Briefingraum für Piloten legten wir die nächste Flugroute fest und telefonierten mit Bonn-Hangelar.

Das Wetter ist der Heimat war gut, so dass wir heute ohne Probleme bis Bonn-Hangelar durchkommen können.

Wie ist das Wetter im Rheinland ?

Die Aufgabe eines Flugplans war verzichtbar, wir sollten uns lediglich über Funk beim Tower in Salzburg abmelden.

Kurz nach dem Start in Salzburg waren wir bereits auf deutschem Gebiet, der Chiemsee lag links von uns unter einer Dunstschicht und nach und nach verschlechterte sich das Wetter auf unserem Flug Richtung Nürnberg. Erstmalig auf unserer Tour begann es zu regnen und unsere Alpha Mike wurde wieder richtig sauber.

Der erste Regen

Vor uns lag eine Regenzelle, die wir nicht umfliegen wollten. Die Horizontalsicht war aber ausreichend, so dass wir mitten durchs Regengebiet flogen. Wir reduzierten unsere Geschwindigkeit, als uns der FIS auch schon fragte, ob wir noch nach Sichtflugbedingungen fliegen könnten.

Wir bestätigten dem Lotsen die VFR-Sicht und er informierte uns darüber, dass im weiteren Verlauf unserer Flugroute kein weiterer Regen auf dem Radarschirm zu sehen sei.

Nach etwa fünf Minuten hatten wir die Regenfront durchflogen und die Sicht war wieder sehr klar.

Wir überflogen eine Vielzahl kleiner Cumuluswolken, die bis zum Horizont reichten und schwebten wie auf kleinen Wattebäuschen.

Über Niederbayern

Von Süden näherten wir uns Nürnberg und landeten unsere Alpha Mike 82 Minuten nach dem Take-Off in Salzburg. Als wir aus dem Flieger ausstiegen, begann es erneut zu regnen, so dass wir schnellen Schrittes die Räume vom Aeroclub Nürnberg aufsuchten. Dort wollten wir warten, bis der Regen nachgelassen hatte.

Wir legten eine Pause von gut 3 Stunden ein und beobachteten das Wetterradar. So richtig wollte der Regen aber nicht nachlassen und das sollte sich in dieser Region in den nächsten Stunden auch nicht ändern. Richtung Nordwesten waren jedoch bessere Wetterbedingungen.

Also machten wir unsere Alpha Mike wieder startklar.

Wir starteten im Regen und stiegen auf FL 60-65 mit direktem Kurs auf Bonn-Hangelar. Ich informierte den FIS über mein Vorhaben und bat um „traffic information" auf unserer Route.

Die Wolkendecke unter uns war geschlossen, Erdsicht war nicht möglich. Nach und nach zog sich der Himmel über uns ebenfalls zu und versperrte uns die blaue Sicht nach oben.

Plötzlich flogen wir zwischen den beiden Wolkenbändern. Unter uns und über uns war alles weiß. So etwas hatten wir auch noch nicht erlebt. Eine gespenstische Atmosphäre!

Alleine im Himmel

Der Luftraum zwischen den beiden Wolkenbändern hatte eine Höhe von ca. 500 ft.. Die Sicht nach vorne und zu den Seiten war gut. Wir fühlten uns alleine im Himmel!

Erst als wir uns an die neue Situation etwas gewöhnt hatten, konnten wir uns ein wenig entspannen. Nach etwa 20 Minuten war der Spuk vorbei.

Geschlossene Wolkendecke nach oben und unten

Der FIS informierte uns noch über die guten Sichtflugbedingungen am Flughafen Köln/Bonn, so dass
wir sicher den letzten Teilabschnitt in Richtung Heimat steuern konnten.

Petersberg im Siebengebirge

Um 17:38 LT landeten wir die Alpha Mike wieder auf der uns vertrauten Piste 29 von Bonn-Hangelar.

Unsere Fliegerkameraden empfingen uns herzlich, wenn auch etwas überrascht. Hatten sie es uns etwa nicht zugetraut, eine solche Route zu fliegen?

Nachwort

Wir flogen in 6 Tagen über 9 Länder, landeten auf 12 Flugplätzen und legten eine Flugstrecke von insgesamt ca. 4.000 km zurück. Dabei betrug die durchschnittliche Geschwindigkeit unserer Alpha Mike etwa 190 km/h. Die gesamte Flugzeit belief sich auf ca. 21 Stunden.

Es war eine sehr abwechslungsreiche und interessante Reise mit Alpenüberflug, tiefem Flug mit Schwimmwesten über Wasser ohne Landsicht und teilweise chaotischem Funkverkehr in englischer Sprache. Wir nahmen eine Vielzahl von Eindrücken mit, die uns noch lange faszinieren werden und zurückblicken lassen.

Wir wechselten uns beim Fliegen ab und teilten die Aufgaben im Cockpit sinnvoll ein (der eine flog, der andere navigierte und funkte). Wir flogen in unterschiedlichen Höhen bis zu 13.400 ft und hatten manchmal den Eindruck, dem Himmel näher zu sein als der Erde.

Das Wetter spielte mit, wir hatten keine kritischen Situationen zu meistern.

Der Spaßfaktor war nicht zu übertreffen, so dass es nicht unsere letzte Flugtour gewesen ist.

Joachim Stachelscheid

Abkürzungsverzeichnis

Avgas
Aviation Gasoline (Flugbenzin für unsere Piper)

CAVOK
Clouds and Visibility OK.

FIS
Flight Information Service (Fluginformationsdienst) ist ein definierter Luftraum, in dem Fluginformations- und Alarmdienst angeboten werden.

FL
Flight Level = Eine Flugfläche bezeichnet in der Luftfahrt eine Fläche gleichen Luftdrucks in der Atmosphäre.

Ft.
Höhenangabe in Fuß (1 Fuß = 30,48 cm)

ICAO
Internationale Zivilluftfahrt-Organisation

IFR
Steuern von Luftfahrzeugen, bei dem die Fluglage ohne Bezug auf äußere Anhaltspunkte ausschließlich mit Hilfe von Instrumenten an Bord und bei den Fluglotsen am Boden kontrolliert wird (Instrument Flight Rules)

LT
Local Time = Uhrzeit am derzeitigen Standort

NM

Entfernungsangabe in Nautical Miles (1 NM = 1,852 km); bei der Navigation in der Luft- und Seefahrt werden vorwiegend die englischen Maßeinheiten Fuß (ft) und Nautische Meile (NM) verwendet

PC-Met

Software, mit der über das Internet aktuelle Wetterinformationen eingeholt werden können.

Pitotrohrschutz,

Abdeckung des Pitotrohrs. Das Pitotrohr ist außen am Flugzeug zur Messung der Geschwindigkeit angebracht.

Transponder

Ein Transponder ist ein Funk-Kommunikationsgerät, das eingehende Signale aufnimmt und automatisch beantwortet bzw. weiterleitet.

Transpondercode

Der Transpondercode (Squawk) ist eine durch den Piloten einstellbare vierstelle Zahl (Ziffern jeweils 0-7), die am Transponder eingestellt wird. Zur besseren Identifizierung kann der Lotse einen Squawk vergeben.

VFR

Visual Flight Rules = (Flug nach Sichtflugbedingungen). Als Sichtflug bezeichnet man das Steuern von Luftfahrtzeugen anhand der Sicht nach außen.

Geflogene Route

1. Teilabschnitt

30.08.2008   Bonn-Hangelar (EDKB) ▶
Mannheim (EDFM)

Flugstrecke :   98 NM
Flugzeit :   62 Minuten

2. Teilabschnitt

30.08.2008   Mannheim (EDFM) ▶
St. Gallen Altenrhein (LSZR)

Flugstrecke :   168 NM
Flugzeit :   100 Minuten

3. Teilabschnitt

30.08.2008   St. Gallen Altenrhein (LSZR) ▶
Zell am See (LOWZ)

Flugstrecke :   171 NM
Flugzeit :   101 Minuten

4. Teilabschnitt

31.08.2008   Zell am See (LOWZ) ▶
Portoroz (LJPZ)

Flugstrecke :   163 NM
Flugzeit :   94 Minuten

5. Teilabschnitt

31.08.2008   Portoroz (LJPZ) ▶
                    Brac (LDSB)

                    Flugstrecke :   212 NM
                    Flugzeit :   116 Minuten

6. Teilabschnitt

01.09.2008   Brac (LDSB) ▶
                    Dubrovnik (LDDU)

                    Flugstrecke :   83 NM
                    Flugzeit :   49 Minuten

7. Teilabschnitt

01.09.2008   Dubrovnik (LDDU) ▶
                    Kerkira (LGKR)

                    Flugstrecke :   196 NM
                    Flugzeit :   117 Minuten

8. Teilabschnitt

02.09.2008   Kerkira (LGKR) ▶
                    Split (LDSP)

                    Flugstrecke :   309 NM
                    Flugzeit :   180 Minuten

9. Teilabschnitt

03.09.2008   Split (LDSP) ►
              Pula (LDPL)

              Flugstrecke :   155 NM
              Flugzeit :   90 Minuten

10. Teilabschnitt

03.09.2008   Pula (LDPL) ►
              Salzburg (LOWS)

              Flugstrecke :   194 NM
              Flugzeit :   100 Minuten

11. Teilabschnitt

04.09.2008   Salzburg (LOWS) ►
              Nürnberg (EDDN)

              Flugstrecke :   138 NM
              Flugzeit :   82 Minuten

12. Teilabschnitt

04.09.2008   Nürnberg (EDDN) ►
              Bonn-Hangelar (EDKB)

              Flugstrecke :   180 NM
              Flugzeit :   121 Minuten

Tipps für Piloten

(1)   Flugplätze:

Wegen anreisender Airliner ist es ratsam, Kerkira Airport erst nach 14 Uhr LT anzufliegen. Für VFR-Flüge ist eine vorherige Landegenehmigung einzuholen. Sie kann per Mail angefragt werden unter: kakktl@otonet.gr. Alle anderen Flugplätze waren ohne vorherige Genehmigung anzufliegen.

(2) Lande- und Abstellgebühren

- St. Gallen Altenrhein   CHF 67,00
- Zell am See   € 17,30
- Portoroz   € 15,90
- Brac   € 46,36
- Dubrovnik   € 27,30
- Korfu   € 41,94
- Split   € 26,00
- Pula   € 13.20
- Salzburg   € 41,95
- Nürnberg   € 24,32

(3) Zahlungsverkehr

Auf unserer Route konnte überall in Euro gezahlt werden, kroatische Kunar sind nicht unbedingt erforderlich. Empfehlenswert ist eine Kreditkarte, die auf allen Flugplätzen als Zahlungsmittel akzeptiert wurde.

(4) Luftfahrtkarten

- Deutschland
  (ICAO-Luftfahrtkarten VFR)

- Schweiz und Österreich
  (GPS VFR-Luftfahrtkarten)

- Slowenien und Kroatien
  (GPS VFR-Luftfahrtkarten)

- Griechenland
  (es sind keine VFR-Luftfahrtkarten erhältlich, ersatzweise IFR-Luftfahrtkarten mitnehmen)

(5) Avgaspreise pro Liter:

- St. Gallen Altenrhein (LSZR)   € 1,79
- Portoroz (LJPZ)   € 2,30
- Brac (LDSB)   € 1,36
- Dubrovnik (LDDU)   € 1,38
- Korfu (LGKR)   € 2,60
- Split (LDSP)   € 1,38
- Pula (LDPL)   € 1,36
- Salzburg (LOWS)   € 2,20
- Bonn-Hangelar (EDKB)   € 2,32

Buchtipp

Joachim Stachelscheid
"Mit der Cessna durch den Westen der USA"
Books on Demand GmbH, Norderstedt
72 Seiten, 25 Farbabbildungen
ISBN 978-3-8370-4113-2
€ 12,90